V
(c)

2434

SALLON

DE

PEINTURE.

1791.

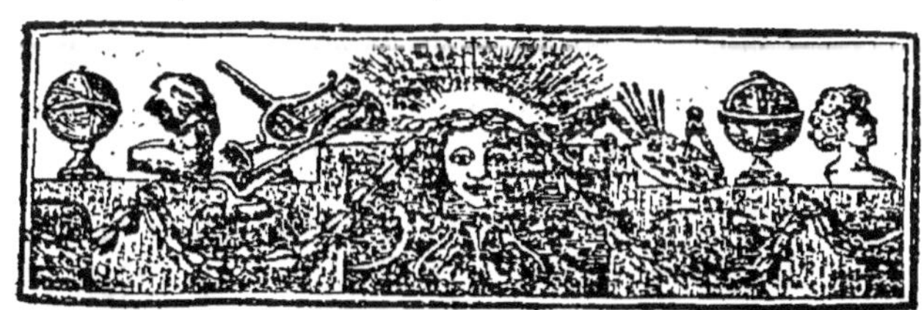

SALLON DE PEINTURE.

Nous indiquerons seulement par ordre de mérite les nouveaux ouvrages dans tous les genres successivement, & nous nous interdirons tout retour sur les anciens tableaux qui ont déjà reçu nos éloges ou nos critiques dans les différentes expositions des sallons précédens.

TABLEAUX D'HISTOIRE.

71. 305. **M.** FABRE. Abel. Tableau le plus parfait du sallon, comme Académie.

654. M. MÉNAGEOT. Méléagre. Une composition noble, un dessin correct, des expressions vraies & variées, soutenues du plus

A 2

beau ſtyle ; une exécution précieuſe & arrêtée, qui, jointe au charme de la couleur, ne laiſſe rien à déſirer. Le ſond eſt peut-être un peu brun ; j'ignore pourquoi on l'a placé trop haut ; malgré cela, il n'échappe pas aux connoiſſeurs.

732. 719. M. DAVID. Le deſſin du jeu de paume de Verſailles.

Un portrait de femme ; voilà ce que M. David nous a donné de nouveau en deux années, quoiqu'il peigne facilement ; ſon Brutus n'a pas gagné à être vu de près.

217. M. VERNET. Paul Emile. Très-beau & connu.

381. M. MERINI. L'innocence. Ce tableau, d'un deſſin correct, d'une couleur vraie & piquante, aſſure à cet artiſte un des premiers rangs.

3. M. TAILLASSON. Cléopâtre. Ce tableau, ſagement compoſé, eſt du plus grand intérêt, par ſes expreſſions nobles & variées. Sa couleur s'eſt perfectionnée. Son n°. 14, Sapho, eſt bien plus foible.

33. M. VIGNIALIS le jeune. Pyrrhus à la Cour de Glaucias. Une belle compoſition & de beau ſtyle, un deſſin correct, des dra-

(5)

peries de bon goût diſtinguent le talent de
cet habile artiſte ; le ton de ſa couleur eſt
un peu trop mort , & l'exécution un peu
ſèche.

695. M. GAUFFIER. Tableau parfaitement beau
dans toutes ſes parties. Je ſuis fâché qu'il
ait fait depuis les numéros 633 & 720,
qui ſont d'un ſtyle petit & maigre. De
petites têtes enluminées, des mains & des
draperies lâches & peu étudiées ; qu'il
prenne garde de tomber dans le rouge.

750. M. VINCENT le jeune. Pyrrhus à la Cour
de Glaucias. Cette compoſition eſt embar-
raſſée & lourde ; lorſqu'on la compare à
celle de M. Vignialis, Nº. 33.

Le deſſin de M. Vincent ſe rapétiſſe, ſa
couleur eſt trop crue & par tache ; ſes têtes
ne ſont pas d'un bon choix ; il eſt au-deſſous
de ſon Mathieu Molé & de ſon Cinna.

203. 302. 320. 211. M. RÉGNAULT ne nous
offre rien de nouveau ; ſon éducation
d'Achille, ancien morceau de réception,
auquel il paroît attaché ; quoique noir ; ſon
déluge bien en petit & très-proprement
exécuté ; le Nº. 302. Il faut prendre garde,
en paſſant du fort au doux, de paſſer du
noir au blanc, & quand il n'y a qu'une

main, il faut l'étudier & la faire ; gare la manière & la pratique dont vous êtes tout près.

218. M. PERRIN. Cyanippe, Roi à Syracuse. Beau tableau ancien. Il auroit dû ne pas exposer le Nº. 203 , portrait mal ajusté, d'une manière sèche, sans vérité & d'une couleur médiocre.

57. 730. M. SUVÉ. Son style est toujours un peu maigre , & son harmonie trop grise. Son Dibutade est bien médiocre; il n'a pas gagné depuis son adoration des bergers, que nous n'oublions pas.

39. 675. 687. M. SAINT-OURS. Ses compositions sont riches & nobles; il y a du choix & de belles expressions. Il faut qu'il prenne garde à sa couleur, qui tend au blafard briqueté.

58. M. DÉSORIA a du talent. Il semble suivre dans ce tableau le style du Cortonne, maître dangereux, qu'il faut savoir choisir.

664. M. PÉRON. Naufrage d'Ulysse. Bien composé & d'une bonne couleur ; son eau est trop lourde & savonneuse.

13. 228. M. MONSIAU. Ulysse. Cette composition est belle & noble. L'effet en est

heureux. Mais il feroit à fouhaiter que l'exécution ne fût pas comme la tête, N°. 288,
qui eft plate, froide, lourde & fans vérité;
il auroit dû fe juger mieux, & ne pas
montrer un objet auffi médiocre.

17. 755. M. LAGRENÉE le jeune. Ulyffe.
Belle compofition; le deffin en eft lourd,
l'exécution lâche & la couleur trop brique.
Son N°. 755 eft plus foigné & montre plus
fon talent.

621. M. CALLET. Hommage des Dames Romaines
à Junon. Ce n'eft pas-là le ftyle Romain.
Les lettres font trop françoifes, & le deffin
fort incorrect.

1. M. CHERY. Alcibiade. Ce tableau eft bien
compofé & d'un beau ftyle. La couleur
en eft froide & égale.

165. M. BRENET. Il faut que je me rappelle
votre S. Louis; car ceci manque un peu
de tout.

43. M. BARBIER. Lycurgue. M. Barbier paroît
trop s'attacher à une exécution propre; fon
deffin eft pauvre, & tous fes objets font
trop rapétiffés. Son N°. 733, le pouvoir
de l'amour, offre un deffin lâche, des teintes
bien rouges, des reflets bien blancs, du

payſage bien vert ; c'eſt, en un mot, bien médiocre.

70. M. BERTHELEMY. Une Sainte Famille. Belle eſquiſſe d'un tableau à faire. Son Nº. 214 lui fera toujours honneur.

678. M. BEL. Mariage de Booz & de Ruth. Il y a du mérite ; mais il ſeroit à déſirer qu'il fût moins lourd de deſſin , & moins enfumé dans ſon harmonie.

164. 273. Mademoiſelle LEROUX DE LA VILLE. Ses tableaux ſont bien compoſés, le ſtyle en eſt bien, & la couleur a de l'harmonie. Il faut qu'elle travaille avec étude, & ſes ſuccès doivent l'encourager.

647. M. CHAIZE a du talent, mais il faut qu'il produiſe quelque choſe de grand.

Son Nº. 128 eſt ce qu'il a de mieux cette année.

676. M. MONNIER. C'eſt un grand avantage pour un artiſte d'avoir un grand tableau à peindre ; mais M. Monnier n'a pas ſaiſi l'occaſion, il n'y a ni compoſition, ni correction, ni effet.

46. 250. M. RESTOUL reparoît ſur la ſcène avec ſes anciens ouvrages ; ils ont été ap-

préciés, & le genre actuel de la nouvelle école ne lui eſt pas avantageux.

769. M. GIROUST. Une compoſition froide & ſans effet, un deſſin lâche & ſans étude nous ôtent l'eſpérance que nous avoit donnée cet artiſte.

15. M. ROBIN. S. Louis rendant la juſtice. C'eſt être juſte que de n'en point parler.

Pluſieurs autres artiſtes ont expoſé des ouvrages. Il faut attendre leurs efforts pour leur rendre juſtice. Nous terminerons les peintres d'hiſtoire, par ce que l'on peut faire de plus mauvais.

181. M. THONESSE. Théſée.

290. M. DEFFONTS. La nuit de la S. Barthelemi. Le tableau eſt auſſi horrible que l'hiſtoire.

317. M. DUPLESSIS. Le triomphe de Voltaire & de l'ignorance ; à eux trois, ils ne feront pas le triomphe de la peinture.

PORTRAITS.

Les Portraits n'ont jamais été en plus grand nombre, & plusieurs Peintres qui s'étoient fait une réputation dans le monde, auroient pu la conserver en n'exposant pas leurs ouvrages. Ils jugeront de leur talent par la place qui leur sera assignée, & par nos remarques impartiales.

772. **P**AZIELLO, par madame Lebrun, est un de ces chefs-d'œuvres accomplis, où l'on peut appliquer une portion de ce vers : *la toile est animée,* &c. Composition grande, dessin correct, expressions sublimes, force d'harmonie & finesse de ton. C'est, en un mot, porter l'art au plus haut degré de perfection ; les anciens ne nous ont rien laissé de plus parfait : les numéros 738 & 757 sont d'une grace & d'une finesse de ton rares, qui marquent combien cette artiste fait varier son talent selon les différentes natures.

7r9. Portrait de femme, par M. DAVID; vrai,
mais froid; & de ton un peu lourd.

Les talens diftingués manquent à cette
place.

2. Portrait en pied de M. Beaufremont, par
M. VINCENT; c'eft fûrement une erreur
de l'avoir attribué dans le livre à madame
Guyard. Ce portrait n'eft pas d'un deffin
fort correct. Le manteau eft lourd, inutile
& propre feulement à embarraffer la compofition; le faire hardi & connu de cet
artifte y met un charme maniéré.

Son N°. 249 de M. Desforges eft trop
crû, d'un faire fec & fans effet.

635. 723. 285. Par M. FRANÇOIS. Cet artifte
jouiffoit, avant de paroître au fallon, d'une
réputation diftinguée. Les numéros ci-
nommés lui auroient fuffi, & l'on auroit
eu une plus haute idée de fon talent. Il eft
à défirer pour lui qu'ils foient les derniers
faits, autrement il y auroit à craindre qu'il
n'ait dégénéré. Son N°. 44 eft d'un ton
trop rouge; fon N°. 88 eft médiocre; le
N°. 92, portrait d'une Dame, eft d'un
ton fale, & s'enfonce dans la taille; fon
N°. 171 eft mal deffiné, la cuiffe en eft

caffée. Les numéros 255, 283, 228, font mous, lavés, & d'une exécution lâche.

324. 340. Par mademoifelle BOUILLARD. Têtes de femmes couronnées de rofes; elles font d'un deffin correct, d'un faire moëlleux, & d'une couleur locale, fraîche & agréable; c'eft un talent digne d'éloges.

31. 69. 82. 109. 336. 734. M. VESTIER n'a fait aucun progrès dans fes nouveaux ouvrages; il eft d'un deffin petit, d'un ton mort & égal, & de l'exécution la plus molle.

68. 112. 253. 279. 306. 310. 759. M. ROSLIN reparoît avec des ouvrages de toutes les époques de fa vie. Auffi y en a-t-il qui fentent l'écolier, l'habile homme & le vieillard. Ses têtes font toujours lourdes & inanimées, fon deffin eft peu correct. Il auroit dû fe repofer fur fon ancienne réputation d'étoffe. Il a recueilli des éloges de ce genre à plufieurs fallons.

135. Madame GUYARD attache fa réputation à celle dés grands hommes de notre fiècle. Il eft à craindre que la médiocrité de fon talent ne les faffe pas paffer à la poftérité. Ceux qui veulent juger de fon mérite, & où elle s'eft furpaffée dans ce qu'elle a fait de mieux, n'ont qu'à étudier le Nº. 135.

M. d'Aiguillon. Ses numéros 10, 34, 40, 81, 329, 247 & 739, font plus ou moins fecs, de ton rouge, cru & trop ardent. Malgré tous fes talens, on la dit très-active. Quatorze départemens lui affurent le confentement de tous les autres, pour faire la Famille Royale, où l'on verra le Roi remettant la Conftitution au Dauphin. Elle fe prépare de grands travaux, & elle fera obligée de foigner la fanté de M. Vincent, qui eft fort délicate, & qu'elle furcharge d'un genre qui lui appauvriroit fon talent.

16. M. GIROUST a cru qu'il étoit plus facile de faire des portraits que de l'hiftoire; il s'eft encore trompé. Sa compofition eft froide & fans intérêt. Il n'y a aucune partie d'effet. La jolie & très-jolie tête de Mademoifelle Pamela eft de plâtre. Mademoifelle d'Orléans eft d'un deffin fi pauvre, qu'elle femble être en éthyfie, & Madame de Sillery eft en miniature à 18 ans. Il y a pourtant un trait de génie à avoir montré l'attachement de Madame Sillery pour la harpe.

320. 350. Mademoifelle DUVIVIER joint à la reffemblance de la vérité, une belle couleur.

3²9. 337. M. Veyler a toujours eu un talent mou & incorrect. Il est difficile de faire une bonne médaille d'après un tel portrait.

158. 174. 254. 343. 623. 722. 727. M. Trinquesse a souvent frappé aux portes de l'académie, elles lui ont été constamment refusées. L'on peut dire maintenant que c'est avec justice, car le Nº. 174, portrait de l'auteur, a une grosse tête, un petit corps. Son Nº. 343, Calliope, est d'un dessin pauvre. On n'a pas une couleur plus briquetée, plus lourde, aucun effet, aucune grace. Enfin, on est difficilement plus foible & plus médiocre.

47. 155. 259. 319. M. Ducreux a couru la même carrière que le précédent, avec le même succès & aussi justement mérité.

C'est un de ces talens ordinaires qui tendent plus à la médiocrité qu'à la perfection.

317. Mademoiselle Ducreux, sous un tel maître, épuise ses forces en vain; un dessin incorrect, une couleur noire & sèche, font le résultat dont elle n'a pu échapper.

215. 220. 221. 327. 345. 625. M. Bosse s'étoit fait, dit-on, une réputation par un portrait du Roi fort ressemblant. C'est un

mérite commun que celui d'une reſſem-
blance. Mais le talent d'un grand peintre
n'entrera pas dans la tête de M. Boſſe. Il eſt
ſec, froid, griſaille & incorrect. Son No. 2 1 5
de M. Roberſpierre eſt tout jaune & tout
pâle. Celui de Madame Guiard, No. 3 4,
eſt tout rouge. Eſt-ce la converſation qui a
fait changer le modèle de viſage? ou eſt-ce
le foible talent des deux peintres?

18. 24. 206. M. DANLOUX, autrefois nous
avoit fait eſpérer du talent, il n'a pas tenu ;
il eſt devenu égal, d'une harmonie molle.
Ses tableaux ſont les uns d'un ton verdâtre,
& les autres violets, incorrects & mous
d'exécution.

190. Le portrait de M. de la Neuville, auteur
de la motion imprimée des numéros de
l'expoſition du ſallon, en habit de garde-
nationale. Il faut faire paſſer les grands
hommes à la poſtérité. M. BELLIER n'eſt
pas très-correct, l'exécution en eſt molle,
& la couleur ſale & ſans effet.

258. Madame SURINY & Mademoiſelle GIRAUL
ont de la couleur & de la vérité ; avec un
peu de fermeté & d'étude, elles pourront
remonter dans notre liſte.

89. BERNARD D'AGESCI. L'Abbé Mauri. Nous

eſpérons que dans le ſéjour qu'il va faire à Rome, Madame Lebrun ne laiſſera pas échapper l'occaſion de tranſmettre ce grand homme à la poſtérité.

Ses autres numéros ſont 260. 264. 265. 652. 655. 706.

125. 182. M. FOURNIER.

161. 166. 325. M. GAULT DE ST.-GERMAIN.

207. 209. M. PETIT.

261. 286. M. LANDRY.

316. M. ROBINEAU.

326. 344. 346. M. DELORME.

103. 328. M. BERTRAND.

632. GUILLON.

282. M. FORTY.

49. M. VORIOT.

308. M. BEZE.

100. Mademoiſelle LEROY.

54. 296. 306. M. LANEUVILLE.

Tous ces Artiſtes ſont d'un talent médio-diocre & ſi foible, que nous rentrerions continuellement dans les mêmes défauts. Ils peuvent tirer entr'eux à la courte-paille, la prééminence juſqu'au dernier ſans injuſtice.

Artiſtes

Artistes dont l'amour-propre & l'ignorance leur assurent quelqu'enseigne à peindre dans les fauxbourgs.

113. 640. M. HOLLAIN.

351. M. ROLIN.

342. 355. M. ALLIN.

641. M. PARSEYAL.

693. M. THONNESSE.

711. M. ASSELYN.

244. 294. M. MAUPERIN.

PAYSAGES ET MARINES.

60. 79. 216. 221. 383. 385. 684. 754. M. TAUNAY. Des compositions piquantes & variées, une couleur fine & vigoureuse, un dessein correct & spirituel, lui assignent le premier rang. Son n⁰ 221 est cru & sec sur le devant ; mais ses n⁰ˢ 79, 216, & sur-tout le 383, sont dignes des plus grands éloges.

110. M. BOGEL. Une vue de rivière. De la vérité, un ton frais & une exécution soignée, annoncent de grands talens, en mettant plus de

foin & de fermeté fur le devant ; nous dé-
firerions voir plufieurs ouvrages de cet artifte.

87. 740. M. DENYS a un beau talent, de
belles compofitions ; une couleur brillante &
vraie, une exécution finie & précieufe , in-
diquent aux autres artiftes la vraie route de
ce genre.

7. 11. 20. 22. 38. 42. M. VALENTIENNES.
De belles & nobles compofitions, un faire
large, une couleur vraie, voilà vos talens ;
apprenez que ce genre demande plus de
fraîcheur dans les teintes, plus d'étude dans
vos arbres, plus de précieux dans vos devants,
plus de légèreté, de vérité & de fini ; rappelez-
vous quelquefois les beau Claude Lorrain,
Ruifdaal, Both & Nicolas Pouffin ; voilà
vos modèles & la nature ; peignez d'après
elle, & non d'après des études dans votre
chambre.

139. 192. 219. 380. 648. 668. 674. 686.
690. 709. 729. 780. 782. M. HUE. Ne
vous y trompez pas, vous ne faites plus
de progrès ; vos tableaux fentent la palette
& la pratique ; vos teintes font fales, & vous
ne peignez pas d'après nature ; étudiez-la ;
prenez les momens du jour les plus agréables ;
que vos arbres ne foient pas à plat comme
des fillons ; qu'ils faffent la boule ; que l'air
tourne à l'entour ; n'imitez pas non plus les

médiocres productions de Claude Lorrain ;
rien n'eft plus facile à imiter que les défauts
d'un grand maître ; mais imitez-le dans cette
fraîcheur aérienne qu'il a fu rendre à tous
les objets qui s'offroient à fa vue. C'eft fa
pâte harmonieufe & finie qu'il faut imiter ;
rappelez-vous les chefs-d'œuvre de Vernet
& fes avis ; vous êtes encore bien loin de
cet homme immortel, quoique vous ayez la
noble audace de continuer les ports de France,
laiffés par ce grand homme ; peignez-les avec
foin fur les lieux & d'après nature ; n'allez pas
fi vîte que vous le faites, & croyez que nous
ne ferons pas grâce à celui qui montre tant
d'amour-propre. Les artiftes qui vous pré-
cèdent fur cette lifte, étoient dignes de par-
tager les travaux qu'on vous confie, en
encourageant leur talent, en piquant leur
amour - propre ; on eût obtenu des chefs-
d'œuvre, & rendu juftice au vrai talent. Le
n°. 139, Narciffe, a des genoux & des
jambes qui s'écartent de dix pieds. Le ton
en eft rouge & médiocre. 192 eft joli. 219,
combat naval, ton noir, gris-bleu ; ce n'eft
pas une victoire pour vous que ce tableau.
380, clair de lune, d'un affez beau ton.
648, tempête ; trop de réminifcence de
Vernet, en plus lourd. 674, bien ; des verts
trop ardens. 686, ton trop mort, & lourde-
ment peint. 709, rouge. 782, fort joli.

32. M. BEGUYER. Chancourtois, une belle composition, un ciel bien nuagé & de l'effet ;
ton vigoureux ; quelque crudité, malgré trop
de pratique ; un talent neuf.

172. 683. 721. M. NIVARD. Beaucoup d'étude,
de vérité ; quelque vigueur de plus sur les
devants.

59. 121. 167. 651. 760. M. BIDAULT. Un
assez beau style, une grande habitude de
peindre ; une pâte trop égale & lourde ; des
tons trop crûs, verts & secs ; trop de lumière
sur les bords, qui empêche de tourner ; plus
de nature, & moins de vîtesse.

73. 41. M. BOURGEOIS. D'assez belles compositions, pas trop d'harmonie, une exécution
propre, les figures d'après les loges de Ra-
phaël ; malgré tout cela, du talent.

146. M. SABLET. Un beau ton local dans le style
de Jean Both, peint avec facilité.

36. 157. 187. 768. M. BRUANDET. Des effets,
de la vérité, quelquefois trop noir, & d'un
faire trop égratigné.

M. BOQUET. Du talent ; trop de facilité,
& des tons trop violâtres. On voit encore
avec plaisir les ouvrages de MM. Dunouy,
nº 752 ; Echard, nº 30, & Vander, nº 83 ;
Sarrazin, Saint-Martin, Legillon, talens dis-
tingués ; Mongin, Brochard, Cazin, Maureau

l'aîné, Swagers, Bougeay, le Sueur, Battar, Rogat, (quoiqu'il n'ait pas assez peint) Gadbois, Michel, Lorimire, Lecor.

On distinguera, par leur foiblesse, M. Louis Vincent, Madame Duchateau, MM. Duplessis, Genillon, &c. &c.

LES GENRES DE FIGURES.

EN composition & exécution, sont des plus médiocres, hors les productions de M. Sablet, qui a de la vérité, de la nature, & celles de M. Boilly.

Vous êtes bien médiocres, MM. de France, la Neuville, Forni, Naygean, Holain, Trinel, Dabos, Charpentier, Petit, du Coupray, &c. &c.

ARCHITECTURE.

M. ROBERT est toujours piquant. Des compositions neuves, de l'effet, de l'harmonie, une touche correcte & spirituelle, lui assurent un des premiers rangs, dans un genre dont il peut se regarder comme le créateur.

M. MACHY. Bravo ! L'église de la Mag-delaine.

M. FONTAINES. Vous êtes sec, dur & foible ; prenez garde à M. Depelchin, il vous fera du tort.

61. 74. Les fleurs de M. VAN SPANDONCK sont admirables.

130. M. CORNEILLE SPANDONK est un peu sec, peiné ; imitez la nature & votre frère, quoi-que vous ayez du talent.

M. VANPOL. Beaucoup de vérité & de moëleux. M. Malaine vous accompagnera. MM. Prevot jeune, Bertrand, Bergeon, Inet, vous êtes médiocres, pour ne pas vous dire plus. Voyez Van Spandonk & apprenez.

36. M. SAUVAGE. Des bas-reliefs d'une grande vérité ; prenez garde à votre dessin ; il est par fois lourd & incorect.

M. DESFONTAINES a montré beaucoup talent ; soignez davantage ; faites-en moins, ou craignez l'oubli.

97. M. BACHELIER a voulu nous rappeler qu'il avoit peint autrefois, non pas le cheval de Troies, mais un cheval de plomb. On lui est encore redevable des mauvais artistes dont la capitale est infectée par ses écoles gratuites, qui ne l'étoient pas pour lui.

Nous dirons encore un mot fur les peintres en miniature, fculpture, gravure, projets ou modèles.

MINIATURE.

QUOIQUE fans numéro, M. Ifabey, nous ne vous oublierons pas ; vous êtes le premier peintre en miniature ; vous deffinez à merveille, & vous avez une très-belle couleur.

Ses morceaux fe trouvent dans les environs du n° 260.

M. SICARDY, vot'e élève, vous furpaffe ; mais vous ferez après lui.

M. DUMONT. Le nouveau régime vous repouffe après M. Hall. Vous étiez le fecond, vous voilà le quatrième. Je crois que vous peignez toujours en hyver, car tous vos portraits ont le vifage violet de froid, & font tous du même ton.

Il y a beaucoup d'aurres miniatures par différens artiftes ; il faut leur laiffer faire des progrès pour que nous en parlions.

Madame CADET. De grands émaux mal deffinés, de couleur rouge molle. Ce genre de peinture demande de la correction & un précieux fini ; fur-tout lorfque l'on ne fait qué des copies, il faut les faire mieux, & la grandeur de vos émaux, qui feroit un mérite, devient nulle.

La gravure ne nous offre rien de néuf. Le feul portrait du roi, par M. Bervick, nous fatigue par la convention des tailles, & ne fait aucun effet. Son payfan, d'après Lépicier, nous avoit donné de plus grandes efpérances.

Les projets & les monumens font nombreux; ils coûteroient plus qu'ils ne vaudroient.

La fculpture eft bien foible; ôtez-en MM. Pajoux, Julien, Chaudet, le refte eft mou & fans caractère.

Tant pis pour ceux qui font oubliés, on ne m'en faura pas mauvais gré.